21.5.2003

Lieber Papa,

viel Spaß beim Lesen.

Ich hab Dich lieb

JULIA

zum Vatertag

Was bedeutet intelligentes Leben? Was zeichnet reife Liebe aus? Warum führt man Antiterrorkriege, wer bekommt verdientermaßen Weihnachtsgeld beziehungsweise einen Bierbauch? Wo gehen wir her, wo kommen wir hin? In hundert komischen Gedichten läßt Thomas Gsella den Kindermund nach den Gründen und Abgründen menschlichen Werdens, Seins und Schwindens fragen, und genauso oft hat der gefragte und überfragte Vater – keinen Schimmer: »Selten ist der betrübliche Umstand des Aneinandervorbeiredens der Generationen derart poetisch aufgeladen worden.« *(Robert Gernhardt)*

Thomas Gsella ist Chefredakteur des Frankfurter Satiremagazins Titanic und lebt mit drei Frauen (4, 8, 41) in Aschaffenburg. 2004 erhielt er den Cuxhavener Ringelnatz-Nachwuchspreis für Lyrik. Mehr Gedichte als Prosa schrieb und schreibt er für WDR und SWR, taz, Süddeutsche Zeitung, F.A.Z. u.v.a. Zuletzt erschien: »Der kleine Berufsberater« (2007) und »Nennt mich Gott. Schönste Gedichte aus 50 Jahren« (2008).

Achim Greser und *Heribert Lenz* leben als freie Zeichner in Aschaffenburg. Ihre Cartoons und politischen Karikaturen erscheinen u. a. in Titanic, F.A.Z. und Stern. Neueste Sammlung: »Wir sind eine Welt« (2007).

Unsere Adresse im Internet: www.fischerverlage.de

Thomas Gsella

Papa-a?
Ja, mein Kind?

Die letzten Fragen der Menschheit

Mit einer Titelzeichnung
und sechs Lebensbildern
von Greser&Lenz

Fischer Taschenbuch Verlag

Veröffentlicht im Fischer Taschenbuch Verlag,
einem Unternehmen der S. Fischer Verlag GmbH,
Frankfurt am Main, Juni 2008

Gesamtherstellung: Clausen & Bosse, Leck
Printed in Germany
ISBN 978-3-596-17894-0

Inhalt

I Leben

Papa-a?
Ja, mein Kind?

Wenn von frühlingsgrünen Zweigen
zitternd sich zur Sonne neigen
zarte junge Frühlingsrosen;

wenn statt grauer Winterlüfte
frühlingsbunte Frühlingsdüfte
streichelnd unsre Sinne kosen –

steckt anstelle Herbst und Winter
da vielleicht der Frühling hinter?

Kannst du die Frage noch mal wiederholen?

Papa-a?
Ja, mein Kind?

Wenn ich einst an Maß und Jahren
zugelegt und all die wahren
guten schönen Dinge tu:

wenn ich froh zum Hausbau schreite,
mählich in die Pleite gleite,
zum Sozialfall werd' wie du

und die letzten Stricke reißen:
Darf ich dann erwachsen heißen?

Klatschklatsch!

Papa-a?
Ja, mein Kind?

Wenn, ums Kind nicht zu gefährden,
mit entschiedenen Gebärden
Eltern zu Verboten greifen;

wenn sie draußen wie im Hause
sich entschieden ohne Pause
Kippen in die Lungen pfeifen –

spricht man nicht in diesem Fall
auch von »Meise« oder »Knall«?

Tür zu, Raucherzimmer!

Papa-a?
Ja, mein Kind?

Wenn ihr mich zum Abend rüde
in mein Bett steckt, soll ich müde
und erschöpft sein und bin's nicht;

wenn ich tausend Ängste kriege,
während ich im Dunkeln liege,
sehe ich: Bei euch brennt Licht.

Seid ihr nachts, ich frag ja bloß,
gerne angst- und kinderlos?

Augen zu jetzt!

Papa-a?
Ja, mein Kind?

Wenn ein Vater jeden Morgen
wie gepfählt von stummen Sorgen
schaurig aus der Wäsche stiert;

wenn sein Rückenleiden schlimmer
und sein Oberstübchen dümmer
und sein Herze traurig wird

im Gefühl, daß alles Scheiß is –
kriegt sein Kind die Midlife-Crisis!

Auch das noch …

Papa-a?
Ja, mein Kind?

Wenn die Putze wie der Pate
nun beim Arzt die gleiche Rate
blechen darf fürs Weiterleben;

wenn so endlich alle gleich sind,
weil die, die an Armut reich sind,
gleichviel wie die Reichen geben:

Nennt man sowas Kommunismus
oder Te... äh ... Terrorismus?

Klatschklatsch!

Papa-a?
Ja, mein Kind?

Wenn des Morgens ihr mit harten
Armen mich zum Kindergarten
zwingt und preßt, derweil ich schrei;

wenn des Morgens ihr auf weichen
Beinen hin zur immergleichen
Arbeit kriecht und wünscht, ich sei

wenn auch traurig, so doch froh –
wünsch ich's euch nicht ebenso?

Maul halten und Zähneputzen.

Papa-a?
Ja, mein Kind?

Wenn die Welt den ohne Rüge
walten läßt, aus dem die Lüge
wie aus grünen Vipern züngelt;

wenn die Oma uns besucht und
ihr die Frau, die ihr verflucht und ...
wenn die Oma also klingelt,

seh ich euch sie schwerst umwerben! –
Werd' auch ich euch einst beerben?

Selber Schlange.

Papa-a?
Ja, mein Kind?

Wenn das ausgehöhlte Innen
einer Welt, die sich bei Sinnen
nur wähnt, wo das Außen strahlt;

wenn dies nicht vorhandne Leben,
dieses stete Von-sich-Streben
sich in jenen Häusern aalt,

die ihm jeden Mist verkloppen –
apropos: Kommst du mit shoppen?

Ja selbstverständlich.

Papa-a?
Ja, mein Kind?

Wenn ihr Kriege Frieden nennt und
niemals mit derselben pennt und
den hofiert, der euch bespuckt;

wenn ihr Knechtschaft Freiheit heißt und
euch in alle Hosen scheißt und
zittert, wenn der Chef schräg kuckt –

darf ich kleines Dummerlein
später bitte klüger sein?

Schon mal Babyklappen von innen gesehen?

Papa-a?
Ja, mein Kind?

Wenn du, wie du sagst, erwartest,
daß ich tue, was du tatest,
seh ich's ein und will's verstehn;

wenn du sagst, das Zähneputzen
sei erbaulich und von Nutzen
morgens und vorm Schlafengehn:

Warum fehlen deinem Maul
zwanzig Stück, der Rest ist faul?

Pammf du die Pfrage foch mal fiederholn?

Papa-a?
Ja, mein Kind?

Wenn der Irrtum früher Jahre
(was man denkt, sei just das Wahre)
schon dem Altersstarrsinn gleicht

und die kritische Bewußtheit
dummer Jugend der Bestußtheit
krummen Alters fließend weicht,

denkt man also immer Mist,
piepegal, wie alt man ist?

Klatschklatsch!

Papa-a?
Ja, mein Kind?

Wenn du joggst, um jung zu bleiben
und das Alter fortzutreiben
auf den letzten: jüngsten Tag;

wenn das Treten und Geschiebe
und die Schläge und die Hiebe
einer Welt, die Alt nicht mag,

du im Kreuz spürst, wenn du rennst:
Rennst du, weil du's Leben kennst?

Jo.

Papa-a?
Ja, mein Kind?

Wenn aus einem leichten Murren
schwerer Atem wächst und Knurren,
das zum Schimpfen sich verdichtet;

wenn der Schimpf in Zornesröten
aufblüht und in größten Nöten
Zimmer, Haus und Hof vernichtet –

ist der Anlaß der Verheerung
deine Lohnsteuererklärung?

Mutter, bring den weg!

Papa-a?
Ja, mein Kind?

Wenn Adorno noch in Hegels
Dialektik Friedrich Schlegels
Frühromantik wirken sah;

wenn Rimbauds und auch Verlainesche
Symbolismen übers Bennsche
münden in Fritz Derrida –

wie steht dazu Benjamins
Elegie auf die Bluejeans?

Hab ich auch, Bluejeans.

Papa-a?
Ja, mein Kind?

Wenn der Hirsch vom Herbstwald kündet
auf dem Bild, das munter sündet
wider Kunst, Geschmack und Geist;

wenn die Couchlandschaft darunter
kongenial und gleichfalls munter
auf das Stilempfinden scheißt –

wollt ihr über die und den
bitte noch mal drübergehn?

Klatschklatsch!

Papa-a?
Ja, mein Kind?

Wenn du Buch auf Buch verzehrst und
nur in der Fiktion verkehrst und
von uns treibst, ein Blatt im Wind;

wenn hier andre Kinder wären,
würd's mich wohl nicht gar so stören,
doch dich fragt ein Einzelkind:

Warum nennst du mich »Jacqueline«,
mich, der ich dein Peter bin?

Entschuldige, Oma.

Papa-a?
Ja, mein Kind?

Wenn mein Lehrer mir berichtet,
daß nichts so die Welt vernichtet
wie die Dummheit, die sich spreizt;

wenn dich all mein kluges Zagen,
kluges Klagen, kluges Fragen
wurmt und bis aufs Blute reizt –

bist du dann nicht um und um
ausgesprochen klug statt dumm?

Eben!

Papa-a?
Ja, mein Kind?

Wenn eiskalte Luft mit heißer
sich minütlich mischt und weißer
Schnee die bunten Blüten näßt;

wenn das Wetter auf den Segen
warmer Winde kühlen Regen,
später Hagel folgen läßt

und es just macht, was es will –
heißt man diesen Mond April?

Monat!

Papa-a?
Ja, mein Kind?

Wenn ich eure Augen sehe,
all dies große lebenswehe
Leidenszucken unterm Hut;

wenn auf großen und gebückten
Schultern all die nie geglückten
Jahre lasten: Geht's euch gut?

Nein, nicht wahr? Doch ich bin klein.
Könnt ihr e i n m a l glücklich sein?

Flausen hat der ...!

Papa-a?
Ja, mein Kind?

Wenn du dichtest im Bestreben,
mir ein rechtes Luxusleben
zu bescher'n voll Prunk und Glanz;

wenn du dichtest, bis die frühen
Wolken morgenrot erglühen,
frag ich doch, du armer Hans:

Willst du, statt am Reim zu drechseln,
nicht mal meine Windel wechseln?

Klatschklatsch!

Papa-a?
Ja, mein Kind?

Wenn der Herr zur Arbeit läutet
und er Magd wie Knecht ausbeutet,
just indem er Mehrwert preßt;

wenn das Volk dann revoltieret
und all die, die es pressieret,
an Laternen hängen läßt:

Ist's nicht unsre hehre Pflicht
mitzuknüpfen? Ist es nicht?

Mach du erst mal deine Grundschule zu Ende!

Papa-a?
Ja, mein Kind?

Wenn die Väter freigestellt sind,
aussortiert aus falscher Welt sind
und dann mählich untergehn;

wenn die Mama Essen ranschafft,
kocht, wäscht, spült, putzt und nachts anschafft:
Stimmt's, daß du vorm SAT-Fernsehn

ganztags hängst und Klare kübelst,
weil du ihr dein Leid verübelst?

Klatschklatsch!

Papa-a?
Ja, mein Kind?

Wenn Verstehen dir Vergeben,
knapp vorbei dir auch daneben
und du praktisch Einstein heißt,

weil dir Leben stetes Reifen
und dir Denken stets Begreifen
und du praktisch schlafend weißt,

daß nur Geist den Menschen macht,
sind dir vier und vier gleich …

Fünf?

Papa-a?
Ja, mein Kind?

Wenn in Brackwassern die Bärsche
und im Fernsehn sich die Ärsche
feiern laut und stink und dumm;

wenn der Rundfunk gleichfalls putt ist
und noch gar der zartste Buddhist
wütend scheißt auf dieses Trum

aus Verblödet und Verkauft –
hoch der Vater, welcher schnauft:

Klappe, jetzt is' Werbung!

Papa-a?
Ja, mein Kind?

Wenn das Boot, so sagst du, voll ist
und dir jeder Mann ein Groll ist,
der nicht deutsch aussieht wie du;

wenn dein Schnauz- und Kahlkopf mir auch
imponiern und samt dem Bierbauch
mit den Maßen einer Kuh

dich zum deutschen Hünen machen –
Papa, darf ich trotzdem lachen?

Getz hör dich dem an!

Papa-a?
Ja, mein Kind?

Wenn die Menschheit dann verreckt ist
und von Winden zugedeckt ist
und in Sand und Zeit versinkt;

wenn dann w i r k l i c h kluge Wesen
sie aus den Gesteinen lesen
und es ihnen gar gelingt,

dein Genom zu isolieren –
also i c h tät' mich genieren!

Häh?

Papa-a?
Ja, mein Kind?

Wenn die Warnung gut und wahr ist
und das Gattungsende nah ist
und das Schöne sich vergißt,

weil der Himmel ohne Menschen,
ohne Bennschen und Verlaineschen
Vers und ohne Gernhardt ist

und nie Bessres kommt: Fängt's dann
knapp nach dir von vorne an?

Hab ich kein Problem mit!

II Lieben

Papa-a?
Ja, mein Kind?

Wenn in früher Liebe Walten
schönstes Zueinanderhalten
zweier Einsamkeiten grünt;

wenn in später Liebe Pausen
schönstes Voreinandergrausen
früher Liebe Walten sühnt:

Steckt nicht ihr – hoch und juchhei –
knöcheltief in Phase zwei?

Bitte mal schriftlich.

Papa-a?
Ja, mein Kind?

Wenn ihr mich dank neuer Liebe
menschheitsaltem Triebgeschiebe
zeugtet, danke ich euch sehr;

wenn ich unter Darmkoliken
leide nun dank eurem Fögeln
schon ein Vierteljahr und mehr,

möchte ich doch eines fragen:
Konntet ihr's nicht vorher sagen?

Kinde-helein, schlafe-he ein …

Papa-a?
Ja, mein Kind?

Wenn der Bello in Erwägung
tiefer wahrer Herzensregung
Hündinnen den Hofe macht;

wenn er sie mit zittrer Nase
und in glücklichster Emphase
hoch besteigt in höchster Pracht:

Ist er dann – horch, welch ein Schnaufen! –
nur zu faul zum Selberlaufen?

Kuck mal, Flugzeug.

Papa-a?
Ja, mein Kind?

Wenn ihr sagt, die Kinder kommen,
wo sich Große liebgewonnen
und sich feste Küßchen geben;

wenn ich meinen Augen traue,
gebt ihr zwei euch feste Haue,
bis die morschen Wände beben –

sag mir (ich verrat's auch nich'):
Bin ich außerehelich?

Lernt ihr das im Kindergarten?

Papa-a?
Ja, mein Kind?

Wenn in schwarzen Augenblicken
Pech sich mit zwei Ungeschicken
zur Tragödie verplombt;

wenn ein Mädchen in der Blüte
erster Jugend ohne Tüte
auf dem Nachbarsjungen kommt –

stimmt's, daß doch auch so die Welt
heil'ger Gattung Mensch erhält?

Auf wem, sagst du?

Papa-a?
Ja, mein Kind?

Wenn ihr zwei mich unermüdlich
küßt und drückt und halbminütlich
liebend ruft: »Ach, Herzelein!«;

wenn ihr wie zwei kleine Hunde
jeden Wunsch aus meinem Munde
leckt und lockt und … – kann es sein,

daß ihr m i c h so überhäuft,
weil's bei e u c h nicht mehr so läuft?

Klatschklatsch!

Papa-a?
Ja, mein Kind?

Wenn du, wie's auch Väter müssen,
mich umarmst, um mich zu küssen,
hör' ich, wie mein Herzlein piepst;

wenn jedoch, ich spür's mit Bangen,
deine sich an meinen Wangen
reiben ... ja, ich weiß, du liebst ...

aber mähst du dir, schnippschnapp,
vorher mal die Dornen ab?

Und kennst du das Wort Internat?

Papa-a?
Ja, mein Kind?

Wenn die Mutter jeden Morgen
freudigst und abhold der Sorgen
unserm Nachbarn Braun zuwinkt;

wenn sie dann just vor dem Zaun steht,
hinter dem der Nachbar Braun steht,
und in seine Küsse sinkt,

bilden beide – ja, nicht wahr! –
eines Tags ein Ehepaar.

Komm doch mal mit in die Küche …

Papa-a?
Ja, mein Kind?

Wenn ich euer sechstes Kind bin
und schon leidlich durch'n Wind bin,
klein und dürr alswie ein Zwerg,

weil wir weder Fleisch noch Butter
kaufen können – gut, für Mutter
ist die Pille Teufelswerk –

aber taugen zum Verhüten
nicht auch diese Pustetüten?

Klatschklatsch!

Papa-a?
Ja, mein Kind?

Wenn ich aus des ersten Schlafes
lichten Nebeln etwas Scharfes
hör' von dort, wo Eltern ruhn;

wenn ich's höre, dieses Stöhnen
zweier Körper, die verwöhnen,
was sie freilich selten tun,

ach, ich zähle viermal jährlich –
sag: Dünkt Sexus euch entbehrlich?

Klatschklatsch!

Papa-a?
Ja, mein Kind?

Wenn sich in den ersten linden
Maienwinden Herzen finden
und sich öffnen, rosengleich;

wenn sie zittern, wenn sie beben;
wenn zwei neuerblühte Leben
in den Lüften, sammetweich,

e i n e s werden … I c h u n d D u … –
sag mal, hörst du eingtlich zu?

Und jetzt ein Löffelchen für Opi …

Papa-a?
Ja, mein Kind?

Wenn du dich zur Frühstücksbutter
allen Blicken meiner Mutter
dank der Zeitung stumm entziehst;

wenn du abends ohne Rasten
reinstarrst in den Fernsehkasten
und erneut die Frau nicht siehst,

die du nahmst im Sog der Triebe –
Ist sie das? Die reife Liebe?

Klatschklatsch!

Papa-a?
Ja, mein Kind?

Wenn du uns, die wir beim Toben
mal laut schreien, von ganz oben
einen auf die Birne gibst;

wenn du Mama eine Szene
nach der andern machst und jene,
die du, wie du sagst, sehr liebst,

flugzeuglaut zusammenscheißt –
ist das, was man Stille heißt?

Schnauze!!

Papa-a?
Ja, mein Kind?

Wenn ich auch das Weibsgeschlechte
länger nicht als seltsam ächte,
ist's fürwahr kein Hochgenuß,

wenn das Lottchen unermüdlich
mit mir stündlich, ja minütlich
Sex macht, bis ich schluchzen muß,

weil ich lieber's Lieschen hätt'!
Papa, bin ich Pubertät?

Ich geh jetzt autowaschen.

Papa-a?
Ja, mein Kind?

Wenn den, der heut vier geworden,
Sie mit Herzens Überborden
kurz vor neun ins Träumen küßten;

wenn Sie andrerseits das Kinde,
wie zuweilen ich's empfinde,
gern um sechse schlafend wüßten:

Zeigt dies nicht, ich frage Sie,
Ihre Basis-Aporie?

Erna, hast du was mit 'nem Grafen?

Papa-a?
Ja, mein Kind?

Wenn die Werbung statt mit Fakten
gern mit halb- bis splitternackten
Damen und auch Herrn hantiert;

wenn ihr Kunden dank der Einfalt
eurer Seelen drauf hereinfallt,
froh ins Kaufhaus einmarschiert

und das Geld für Quatsch verfeuert –
heißt d a s unterleibsgesteuert?

Mutter, hast du die aufgeklärt?

Papa-a?
Ja, mein Kind?

Wenn die roten Rosen rot sind
und die Toten Hosen tot sind
und die blauen Pferde blau;

wenn die heißen Quellen heiß sind
und die weißen Stellen weiß sind
und das rauhe Klima rauh,

dann liebt Mama – und n u r dann! –
neuerdings den Eiermann.

Und ich dachte schon …

Papa-a?
Ja, mein Kind?

Wenn du fortgehst, wenn ich träume,
fort in mir verschlossne Räume
und nach Haus kommst, wenn ich schlaf;

wenn du schuftest ohne Päuschen
für mein Glück: für unser Häuschen,
finde ich das lieb und brav –

Glück hingegen: mich zu sehn:
Fändest du's nicht auch mal schön?

Klatschklatsch!

Papa-a?
Ja, mein Kind?

Wenn ihr mich ins Leben brachtet
und beglückte Tränen lachtet
seit dem Tag, an dem ich war;

wenn ihr mich in sel'ger Wonne
Engel nennt, Prinzessin, Sonne,
euer Ein und Alles gar –

warum habt ihr gestern Nacht
Kindlein Nummer acht gemacht?

Klatschklatsch!

Papa-a?
Ja, mein Kind?

Wenn ihr zwei mit zuckersüßen
Blicken und samtweichen Küssen
mich in alle Wolken hebt;

wenn ihr zwei mit harten Worten
und auch Fäusten allerorten
allezeit euch Saures gebt –

wenn sich schlägt, was sich verehrt:
Bin ich keiner Schläge wert?

Klatschklatsch!

Papa-a?
Ja, mein Kind?

Wenn im Glauben, daß ich penne,
ihr euch nachts wie Hahn und Henne
lauthals durch die Federn vogelt;

wenn ihr dann … wie soll ich sagen …
euch am Morgen wie erschlagen
schluffelnd durch die Wohnung mogelt,

saft- und kraftlos, zwei Gerippe –
ist sie das? Die Vogelgrippe?

Klatschklatsch!

III Reisen

Papa-a?
Ja, mein Kind?

Wenn wir vier seit dreizehn Jahren
immerzu nach Holland fahren,
Oma, Mama, ich und du;

wenn wir vier im süßen schmucken
Strandappartement Fernsehn kucken
wie zu Hause: immerzu –

ach, sind vier nicht glücksumweht,
wenn's dann wieder heimwärts geht?

Ja logisch!

Papa-a?
Ja, mein Kind?

Wenn wir einst, um nicht zu rosten,
rübermachten aus dem Osten,
um die Welt in Bunt zu sehn;

wenn wir nun vor todesblassen
Arbeitsämtern, Aldi-Kassen
wie im Osten Schlange stehn:

Ging der Schuß (ich frag ja bloß)
nicht dezent nach hinten los?

Dann geh halt rüber!

Papa-a?
Ja, mein Kind?

Wenn wir im August in Mali,
im September dann auf Bali
und im Tschad Siesta machten,

im Oktober Prag besuchten,
Sydney und Manhattan buchten,
im November Rom bedachten,

um in einer zweiten Runde ... –
fröhlich geht die Welt zugrunde?

Dito.

Papa-a?
Ja, mein Kind?

Wenn wir Ulm vor Jahrn verließen,
um in Hagen, später Gießen,
Plön und Meppen aufzublühn;

wenn wir dann aus Hohenlohen
im April nach Bochum flohen,
um von dort hierher zu ziehn –

ach, verstrahlt's nicht Ulmer Grausen,
dies … wo sind wir?

Oberhausen.

Papa-a?
Ja, mein Kind?

Wenn du deinen Benz am Tage
dreimal in die Waschanlage
fährst und stundenlang schaumierst;

wenn du wöchentlich die Reifen
abschraubst, um sie einzuseifen –
wie wär's, wenn du mal probierst,

deine ungleich mehr verseuchten
Stinkefüße anzufeuchten?

BMW heißt das.

Papa-a?
Ja, mein Kind?

Wenn du sagst, daß zum Erholen
wir seit je ins schöne Polen,
wechselweise Spanien fahrn,

sage ich: Vor jeder Reise
stellte ich den Navi weise
derart ein, daß wir seit Jahrn

in der schönsten aller Welten:
zwischen Moers und Meppen zelten.

Klatschklatsch!

Papa-a?
Ja, mein Kind?

Wenn du vor der Fahrt ins Blaue,
atmend schon die ferne Aue,
still in linden Bildern schweifst;

wenn du dann, kaum hinterm Steuer,
Land und Leute ungeheuer
laut und grob zusammenpfeifst –

wenn ein Mensch abrupt vertiert:
Ist der sexuell frustriert?

Gib Gas, Penner, is' gelb!

Papa-a?
Ja, mein Kind?

Wenn selbst du mal jung und wild warst
und ein Mann von einem Bild warst
(Foto: Junge Union);

wenn selbst du mal gern getrampt bist
und seit je apart gekämmt bist
wie der geilste deutsche Sohn:

Mußtest du, ich will nicht raten,
jemals fünf Minuten warten?

Tage hab ich gestanden!

Papa-a?
Ja, mein Kind?

Wenn die Ibiza verschonen,
welche auf Mallorca wohnen
in der schönsten Zeit des Jahres,

da sie nackt durch Kirchen laufen,
sabbernd wie die Schweine saufen
und nur deshalb, weil sie Bares

hinterlassen und in Herden,
nicht vor Ort erschossen werden –

Grööäähhh!

Papa-a?
Ja, mein Kind?

Wenn in überreifen Jahren
und mit graumelierten Haaren
du noch einmal nicht ins Meer guckst,

wenn wir Ferien im Lande
Frankreich machen und am Strande
du noch einmal hinterherguckst

allen, die Bikini tragen,
tu ich das der Mami sagen.

Klatschklatsch!

Papa-a?
Ja, mein Kind?

Wenn ihr Reichtum lieblich findet,
morgens beide flugs verschwindet
und mich einer Amme gebt,

die mich stumm ins Mondlicht bettet,
während ihr die Nacht durchjettet
und für Gold und Glitzer lebt:

Warum habt ihr, ach ihr Lieben,
eigentlich nicht abgetrieben?

Später, Liebling, ciao.

Papa-a?
Ja, mein Kind?

Wenn der Reisende gern ohne
jenes wär', das ihm zum Hohne
streng die Richtung weist: ein Ich,

das ihn hindert, frei ergeben
tief ins Fremde zu entschweben,
seh ich, Glücklicher! deins nich'.

Gut: Ein Säugling hat noch keins.
Aber hattest du je eins?

Klatschklatsch!

IV Glauben

Papa-a?
Ja, mein Kind?

Wenn da keines Christus Sein ist
und der Mensch nur Staub und Stein ist
einer christuslosen Nacht;

wenn mich so der Christen Glauben,
der an Christus, leise schnauben
wie auch lauthals lachen macht,

wissend, daß kein Christus ist:
Papa, bin ich Christ?

Frag' besser Mutti.

Papa-a?
Ja, mein Kind?

Wenn ich eure sinngetränkte,
reich mit Herz und Geist beschenkte
Existenz auch ungern störe;

wenn ich ach! mit liebesweher
Seele eure Großfernseher
bis zum Sang der Vögel höre,

frag ich doch: In Gottes Namen,
sind dies meine Eltern? Amen.

Klatschklatsch!

Papa-a?
Ja, mein Kind?

Wenn vor zweimal tausend Jahren
Christ zum Himmel aufgefahren,
hoch zu unserm Herrn Gottvater;

wenn die Väter in den Schänken
jener Fahrt so tief gedenken,
daß am nächsten Tag ihr Kater

hoch zu Gottes Himmel schreit:
Ist denn d a s noch Christenheit?

Nicht so laut … aua …

Papa-a?
Ja, mein Kind?

Wenn ich täglich zehn Mal bete,
daß ihr Hipp und auch Alete
nicht mehr länger in mich steckt;

wenn mir trotzdem stets im Mund ist,
was laut euch extrem gesund ist
und extrem zum Speien schmeckt:

Wollt ihr mir denn allen Glauben
an die Kraft des Betens rauben?

Maul auf!

Papa-a?
Ja, mein Kind?

Wenn du, um dein Herz zu bergen,
übers Antlitz gleich den Zwergen
einen Vollbart wuchern läßt;

wenn die Seele und Gefühle
zugedeckt sind von Gewühle,
struppig wie ein Vogelnest –

stimmt's, daß, wer es abrasiert,
auch noch sein Gesicht verliert?

Klatschklatsch!

Papa-a?
Ja, mein Kind?

Wenn du rund ums Fest der Liebe
Mama einmal keine Hiebe
auf den Kopf gäbst: Könnt' das schaden?

Wenn ihr zwei euch mal vertrüget,
statt daß ihr euch schwer belüget
und verhaut nach Strich und Faden

und verwemst und ... – sag geschwind:
Wär es möglich, Gotteskind?

Kannst gerne auch 'n paar haben!

Papa-a?
Ja, mein Kind?

Wenn ihr auf Beerdigungen,
kaum ist die Musik erklungen,
tränenreich weint just um die,

die ihr lebend kaum gesehen;
wenn ihr bebt in Herzenswehen:
Weint ihr dann wahrhaft um sie?

Oder ist der Quell der Beben
nicht ihr Tod, nein: euer Leben?

Taschentuch!

Papa-a?
Ja, mein Kind?

Wenn ihr beide niemals betet,
keinen Beichtstuhl je betretet
und nicht glaubt, daß Gott euch hört,

wenn ihr seinen Sohn verlacht und
Witze über Christen macht und
ruft, wer glaubt, der sei gestört –

warum kriegt, in aller Welt,
ihr zwei eingtlich Weihnachtsgeld?

Ob die das aus diesen Pixiebüchern …?

Papa-a?
Ja, mein Kind?

Wenn Gottsohn und -vater wüßten,
daß ihr vor dem Fest der Christen
sturblöd durch die Citys taumelt;

wenn die beiden euch erspähten,
während ihr gleich aufgedrehten
Äffchen an Präsenten baumelt,

die kein Schwein braucht weit und breit:
Winkte euch die Ewigkeit?

Wasis?

Papa-a?
Ja, mein Kind?

Wenn ich auch die Blinden sehend,
Tauben hörend, Lahmen gehend
mache und aus Wasser Wein;

wenn mir Mama auch erzählte,
ich sei halt der Auserwählte,
will ich doch ein andrer sein:

Läßt du mich auf Gottes Erden
bitte Bauamtsleiter werden?

Jetzt hör' mir mal ganz genau zu …

Papa-a?
Ja, mein Kind?

Wenn du Mama kaum noch siehst, weil
du in deine Arbeit fliehst, weil
du's nicht magst, wenn du allein bist;

wenn du Blumen kaum noch gießt, weil
ihre Blüte kaum noch sprießt, weil
ihre Erde hart wie Stein ist –

was wohl, glaubst du, macht sie nasser:
Steinstaub oder nasses Wasser?

'tschuldige, hab zu tun.

Papa-a?
Ja, mein Kind?

Wenn in Antiterrorkriegen
Streubomben durch Menschen fliegen,
die nicht älter sind als ich;

wenn dann deren Mütter, Väter
Stunden, Tage, Wochen später
irr vor Schmerz und außer sich

wiederum die falschen sprengen –
mag so was zusammenhängen?

Die falschen?! Allah akbar!

V Spielen

Papa-a?
Ja, mein Kind?

Wenn ich mit deim Handy spiele,
tipp ich oft ganz vieleviele
Tasten, wieviel weiß ich nicht;

wenn dann plötzlich unvermutet
es in deinem Handy tutet
und ein Fremder zu mir spricht:

»Weng ni hau. Deng chian? Hong lab!« –
geht das von deim Konto ab?

Ne, ist doch gesperrt.

Papa-a?
Ja, mein Kind?

Wenn du, was ich richtig finde,
mir als deinem kleinen Kinde
stets befiehlst: »Sprich wahr, mein Sohn!«

Wenn im Fernsehn Fußball läuft und
Herr Papa sein Bierchen säuft und,
klingelt dann das Telefon,

lauthals ruft: »Ich bin nicht da!«:
Nennt man solche Lüge wahr?

Guck du deine Teletubbies!

Papa-a?
Ja, mein Kind?

Wenn ihr jedes Staubkorn riecht und
hündisch unter Schränke kriecht und
Teppichfransen einzeln richtet;

wenn ihr ewig putzt und saugt und
wischt und zu nichts andrem taugt und
so auch uns mental vernichtet –

ahnt ihr jetzt, wie gern wir Kurzen
in die gute Stube furzen?

Klatschklatsch!

Papa-a?
Ja, mein Kind?

Wenn wir Kleinen, ach so Reichen
täglich übern Spielplatz schleichen:
Rutschen, Schaukeln, hoch das Bein;

wenn ihr Großen, ach so Armen
auf dem Spielplatz um Erbarmen
bittet: »Gott, laß Abend sein ...« –

ach warum in aller Welt
glaubt ihr, daß es uns gefällt?

Komm weiterspille backebacke Kuch...

Papa-a?
Ja, mein Kind?

Wenn dein neuer Großmercedes
den Raketen gleicht und jedes
andere Gefährt entblößt;

wenn der ungeheuer Lange
sich mit ungeheurem Drange
aufbäumt und gen Himmel stößt –

liebt ein solches Fabrikat
der, der nicht den Längsten hat?

Sechs Meter sind kurz oder wie?!

Papa-a?
Ja, mein Kind?

Wenn, sobald die Bayern führen,
du mit heldischen Allüren
dribbelnd durch die Wohnung irrst

und van Buytens Zaubertore
vor geträumtem Jubelchore
mit dem Tennisball kopierst,

bis die Glasvitrine scheppert –
gell, du bist nicht schwer bedeppert?

Klatschklatsch!

Papa-a?
Ja, mein Kind?

Wenn in fürchterlichen Strophen
ihr besingt, wie vor dem Ofen
einer Hexe Hänsel schrie,

wie ein Wolf die Oma reißt und
dann das Rotkäppchen verspeist und …
– ach, ich will nicht wissen, wie –

aber wer, dies will ich wissen,
hat euch bloß ins Hirn ge…

…schissen.

Papa-a?
Ja, mein Kind?

Wenn wir Kinder in dem Garten,
der nach uns benannt ist, warten
daß er schließt: »Gleich ist's so weit!«;

wenn dann ihr auf müden Sohlen
trauernd kommt, uns heimzuholen,
krumm von der Fabrikarbeit –

warum nennt ihr dies Verlies
nicht Erwachsnenparadies?

Ich muß jetzt schlafen.

Papa-a?
Ja, mein Kind?

Wenn du als Finanzexperte
uns erklärst, es schaffe Werte,
wer in Aktien investiert;

wenn wir nun seit hundert Wochen
nix als blanke Nudeln kochen:
Warum kuckst du dann pikiert,

wenn ich Taler, so wie du,
in die Abfalltonne tu?

Still, gleich kommt Börse.

Papa-a?
Ja, mein Kind?

Wenn mal Zeit wär' für uns Kinder
und für deine Frau nicht minder,
hängst du über Busch und Bäumen,

um dann den Geräteschuppen
dreimal und bis in die Puppen
um- und aus- und einzuräumen –

warum schläfst du, laß mich raten,
noch bei uns? Zu kalt im Garten?

Muß jetzt die Gärungssäge putzen.

Papa-a?
Ja, mein Kind?

Wenn ich Saft und Uhu-Klebe
in den Küchenmixer gebe,
der Saft-Uhu-Brei draus macht;

wenn ich Sand und tote Fische
dieser Grütze untermische
und in den Diskettenschacht

deines Laptops drück: Wieso
funkt das dann so farbenfroh?

(Ohne Worte)

Papa-a?
Ja, mein Kind?

Wenn der Gauner Hartz bestach und
schwarz auf braunen Huren lach und
darum heißt wie die paar Kröten,

die wir kriegen, um die Schmach und
Sauerei zu steigern; ach und
weh, ich weiß, du darfst nicht töten,

aber ich, denn ich bin klein.
Soll ich dieses alte Schw…

Klatschklatsch!

Papa-a?
Ja, mein Kind?

Wenn ich jetzt schon Mond und Sterne
schreiben kann und darum gerne
in die erste Klasse geh;

wenn ich täglich spielend lerne
und mich so von dem entferne,
den ich gerne bei mir seh:

Willst du nicht, mich zu beglücken,
auch noch mal die Schulbank drücken?

Ihc wil di Lererin sbrechen!

VI Speisen

HEINZ

Papa-a?
Ja, mein Kind?

Wenn zur ersten Mondesstunde
jemand dunklen Wein zum Munde
führet und dann immerdar;

wenn er bis zur herzensroten
Morgensonne seine Pfoten
– spitz die Ohren, du Clochard! –

nicht von Glas noch Flasche trennt:
Ist der, was man Vater nennt?

Würdest du dich deutlicher ausdrücken?

Papa-a?
Ja, mein Kind?

Wenn bei euch, dem Herrngeschlechte,
zwischen Brustbein und Gemächte
weich und rund ein Ding entsteht;

wenn ihr kraft dies weichen runden
Dinges aus rund hundert Pfunden
euren eignen Fuß nicht seht –

wird dies Ding in unserm Land
vorn Bier, hinten Bauch genannt?

Bier ...-Bauch? Nie gehört.

Papa-a?
Ja, mein Kind?

Wenn du ein moderner Mann bist,
der heut' mit dem Kochen dran ist
und wie Gott in Frankreich wirbelt;

wenn du sagst, ein Mann muß wissen,
wie man köstlich zarte Bissen
aus den Handgelenken zwirbelt:

Warum schmeckt mein zartes Schwein
köstlich wie ein Kieselstein?

Runter damit!

Papa-a?
Ja, mein Kind?

Wenn die Damen gern versuchen,
im Verzicht auf Keks und Kuchen
schlangenklapperdürr zu bleiben;

wenn die Herren gern auf vollen
Wänsten durch die Gassen rollen
und sich Haxn einverleiben,

bis der Blazer explodiert –
huch, was kuckst du so pikiert?

Mumd schu beim Eschen!

Papa-a?
Ja, mein Kind?

Wenn das Leben in den weiten
himmelschwarzen Einsamkeiten
nur auf Erden denkt und weiß;

wenn du täglich im Bestreben,
deinem Großhirn Stoff zu geben,
eine »Bild«-Zeitung verspeist:

Heißt, was man so Leben nennt,
dann zu Recht intelligent?

Klatschklatsch!

Papa-a?
Ja, mein Kind?

Wenn die schlafend fortgewehte
Mutter leis wie im Gebete
sagt, was sie im Traume spricht;

wenn sie also, lieber Vater,
schlummernd murmelt: ›Kinder hater,
doch ihr Vater ist er nicht!‹;

ach, wie gern ich dieser Worte
Sinn verstünde! – Gibt's noch Torte?

Im Kühlschrank; wie war die Stelle mit dem Vater?

Papa-a?
Ja, mein Kind?

Wenn ihr nach dem Weihnachtsgänschen
stumm vertilgt beim Kaffeekränzchen
Kekse, Christstolln und Pralinen;

wenn ihr dann mit fetten Pfötchen
abends Chips und Schinkenbrötchen
schaufelt wie die Freßmaschinen:

Wohin, bitte, stopft ihr Stoffeln
nachts die Marzipankartoffeln?

Klatschklatsch!

Papa-a?
Ja, mein Kind?

Wenn du morgens sagst: »Pauline,
merke dir: Nur Vitamine
machen stark, gesund und munter«;

wenn der Tag sich legt zur Ruhe,
schiebst du aus der Tiefkühltruhe
mir uralte Pommes unter –

ist das Faulheit? Oder schon
präsenile Konfusion?

Ich und faul?!

Papa-a?
Ja, mein Kind?

Wenn ein Kind das Bier des Vaters
mischt mit dem, das aus des Katers
Schwänzchen biergelbgolden läuft;

wenn der Vater kein Gemecker,
sondern frohes »Aah, wie lecker!«
anstimmt und zur Neige säuft,

so wie du es grad getan –
kommt die Mischung also an?

: – (

Papa-a?
Ja, mein Kind?

Wenn i c h anfange zu schreien,
holt die Mama ihre zweien
Brüste raus und reicht sie mir;

wenn d u mit dem Schrei'n beginnst,
reicht dieselbe dir geschwindst
gleichfalls zwei, doch Flaschen Bier,

und schon bist du still wie ich.
Ach, die Mütter – herrlich, nich'?

Und sowas soll von mir sein?

Papa-a?
Ja, mein Kind?

Wenn ich mit den größten Lüsten
saug' an Mamas prallen Brüsten,
schmeckt mir's meistens wunderbar;

wenn ich freilich fremde Noten
rieche, etwa Männerpfoten,
ist mein Appetit … na ja … –

Kannst du, um mich kurz zu fassen,
deine Flossen davon lassen?

Wenn du so vollendet bittest …

Papa-a?
Ja, mein Kind?

Wenn ein Heini hochgedopt wird,
hoch bezahlt und hochgelobt wird,
weil er siegt und siegt und siegt;

wenn ein Heini, der sich treu bleibt,
ohne Glanz und Ruhm und Heu bleibt
und samt Kindern hinten liegt:

Sollte der – nur so zum Kucken! –
denn nicht auch mal Epo schlucken?

Ja her damit!

Papa-a?
Ja, mein Kind?

Wenn dir, was mal leicht war, schwerfällt
wie der Möwe, die ins Meer fällt,
während Junge mondwärts ziehn;

wenn dir nebst den dicken Fischen
auch die kleinen flink entwischen,
solltest du die Meere fliehn

und das Salz des Alters schmecken:
Brühkaffee mit Streuselschnecken!

Haha –

Papa-a?
Ja, mein Kind?

Wenn ihr Kinder in die Welt schmeißt
in der Hoffnung, daß eins Geld scheißt,
weil's für euch kaum Rente gibt;

wenn wir so was gerne machen,
falls ihr ab sofort zwei Sachen
uns zum Frühstück rüberschiebt,

nämlich Eis und Schokolade;
bitte? Nein? – Tja. Jammerschade …

Klatschklatsch!

Papa-a?
Ja, mein Kind?

Wenn die weißen Pole schmelzen
und die einen dann auf Stelzen
laufen wie ein Zirkusclown;

wenn die Flüsse dann versiegen
und sich in den Wasserkriegen
andre auf den Schädel haun,

denn der Durst macht sie zum Tier –
dir egal, nich'? Trinkst eh Bier.

Jau.

Papa-a?
Ja, mein Kind?

Wenn du sagst, daß Zeit entleibt
und uns ins Vergessen treibt
wie ein Schwarzes Loch das Licht;

wenn du sagst, wer schreibt, der bleibt,
doch sei wichtig, was er schreibt,
denn was bleibt, vergehe nicht:

Sollten's eher trübe Tassen
dann nicht besser bleiben las –

Hell und Schnell
555 komische Gedichte aus 5 Jahrhunderten
Herausgegeben von Robert Gernhardt
und Klaus Cäsar Zehrer

Band 15934

Heine, Busch, Morgenstern, Wedekind
in diesem Buche* versammelt sind.
Ringelnatz, Valentin, Loriot
ebenso.
Und wo sind Goethe und Hölderlin?
Auch mit drin.**

* die abwechslungs-, lehr- und geistreichste Sammlung komischer Gedichte deutscher Sprache.

** sowie mehr als zweihundert weitere helle und schnelle, altbekannte und neuentdeckte, historische und heutige, hochkomische und tiefsinnige Dichter, Liedtexter, Sprachspieler und Parodisten.

»Gründlicher und vollständiger ist man über das komische Gedicht in deutscher Sprache noch nicht unterrichtet worden.«
Thomas Steinfeld, Süddeutsche Zeitung

Fischer Taschenbuch Verlag

fi 15934 / 1

Robert Gernhardt

Vom Guten, Schönen, Baren

Die schönsten Bildergeschichten und Bildgedichte

Band 17499

Robert Gernhardt präsentiert einen prallen, höchst vergnüglichen und doch zuweilen bitterbösen Band über die alltäglichen Absurditäten des Lebens. »Vom Schönen, Guten, Baren« versammelt die schönsten Bildergeschichten und Bildgedichte aus Gernhardts Gesamtwerk. Ein beeindruckendes Opus magnum des Zeichners und Satirikers Robert Gernhardt.

Fischer Taschenbuch Verlag

fi 17499 / 1

F. W. Bernstein

Luscht und Geischt

Herausgegeben von Robert Gernhardt
Titelillustration: F. W. Bernstein

Band 17373

Hell und Schnell – Die Sammlung komischer Gedichte
Herausgegeben von Robert Gernhardt
und Klaus Cäsar Zehrer
Band 5

Robert Gernhardt beweist mit seiner Auswahl von Gedichten F. W. Bernsteins, dass sein langjähriger Freund und Mitstreiter aus der Neuen Frankfurter Schule jede Menge Luscht- und Geischtvolles zu bieten hat. Bernstein ist ein dreister Meister des Reims und hat seit den sechziger Jahren maßgeblich zur Beschleunigung des deutschsprachigen komischen Gedichts beigetragen.

»Das ist F. W. Bernstein:
ein schöner Elchundselberwelch, ein Molchundselbersolch,
ein Spieler, dem sich die Sprache hingibt.«
Wiglaf Droste

Fischer Taschenbuch Verlag

fi 17373 / 1

Thomas Gsella

Nennt mich Gott

Schönste Gedichte aus 50 Jahren

Mit einer Titelzeichnung von Greser&Lenz

Band 17915

»Längst ist er kein Gsella mehr, schon seit langem darf er sich Meista nennen.«

Robert Gernhardt

Das Beste aus 50 Jahren Gsella: seinen ersten, noch tastenden Reim aus dem elften Monat, lebenskluge Fabeln, väterliche Bekenntnisse, bizarre Völkerverständigungsgedichte, zwiespältige Berufs- und Kinderhymnen, Fußballsonette dieses »Gottes der Fußballyrik« (taz) sowie, erstmals in Buchform, zahlreiche zeitkritische bis zeitverherrlichende Gedichte aus der TITANIC (mit Fotos) und unveröffentlichte neue Werke des »jüngsten Nachwuchsklassikers« (Eckhard Henscheid).

Fischer Taschenbuch Verlag

fi 17915 / 1